잃어버린 종이상자

잃어버린 종이상자

임란규

세우미

여는 글

나도 모르게 언제 여기까지 왔을까?
어떻게 긴 세월을 지나올 수 있었을까?
주마등처럼 지나간 시간을 돌아봅니다.
인생 끝자락에서 제가 할 수 있는 말은
"감사합니다. 모든 것이 하나님의 은혜입니다."
이 말뿐입니다.

굽이굽이 걸어온 인생길에서 있었던
많은 이야기들을 어떻게 다 쓸 수 있을까요?
헤아릴 수 없이 많이 받은 은혜와 사랑,
그 감사한 마음을 어떻게 다 표현할 수 있을까요?
부족하지만 하나님이 주신 사랑과 은혜를
자랑하고파 용기를 내서 써봅니다.
아주 작고 작은 나그네인 제가 쓴 이 작은 글이
누군가에게 도움이 되고 위로가 되기를 바랍니다.
비록 부족한 글이지만 이 글을 읽는 사람이

하나님을 만나길 간절히 바랍니다.
그리하여 하나님께 기쁨이 되길 소망합니다.

참으로 좋고, 가장 멋진 하나님을 자랑합니다.
이 글을 쓰게 하신 하나님께 감사를 드립니다.

이 책을 쓰게끔 말씀으로 용기 주신
길요나 담임 목사님께, 편집에 조언을 아끼지
않으신 전병철 목사님께, 그리고 응원해 주시고
기도해 주신 모든 지인들께 감사를 드립니다.
또한 옆에서 묵묵히 도와준 남편과
예쁘게 지켜봐 준 사랑하는 두 딸과 사위에게도
감사를 드립니다.

2024년 글쓴이 임란규

추천사

살아보아야만 알 수 있는 경험들이 있습니다.
겪어 보아야만 이해할 수 있는 일들이 있습니다.
사랑해 보아야만 고백할 수 있는 말들이 있습니다.

저자가 그것을 우리에게 보여줍니다.
이 책에는 70여 년을 살며 알게 된 인생의 경험들,
수많은 인생 부침(浮沈)을 겪으며
비로소 이해하게 된 일들,
무엇보다 사랑하는 하나님을 향한 따뜻한
믿음의 고백들이 가득 담겨 있습니다.

겸손하게 그리고 차분하게 매일의 일기처럼
써 내려간 이 글들을 읽노라면 내면이 정돈되며
깨끗해지는 느낌이 듭니다.
그리고 생각하게 됩니다.
그동안 권사님이 고요한 새벽마다 손 모아 기도하

며 주님과 참 친밀한 교제 가운데 지내셨구나 ….

기도합니다.
누군가 이 책을 읽을 때 저자의 경험과 삶의 이해들,
무엇보다 하나님을 향한 사랑이
그 마음에 거룩한 반향을 일으키기를.
그리하여 독자 역시 자신이 겪고 있는
삶의 경험과 이해가 믿음의 디딤돌로 바뀌어,
마침내 하나님을 향한 사랑의 고백을 하게 되기를.

세상에 수많은 책이 있습니다.
그러나 한 신앙인의 구구절절 아름답고 따뜻한
믿음 가득 담긴 이 특별한 책을
당신이 읽게 된 것을 진심으로 축하합니다.

길요나 목사 | 왕성교회 담임목사

겸손은 자족의 비결을 배우게 합니다.
순종은 주님 앞에 무릎 꿇게 합니다.
사명은 참 제자의 길을 걷게 합니다.
소망이신 주님과 함께 한 삶의 기록입니다.

임란규 권사님을 보면 성경 한 구절이 생각납니다.
"나는 샤론의 수선화요 골짜기의 백합화로다.
여자들 중에 내 사랑은 가시나무 가운데 백합화 같
도다"(아가 2:1-2).
이 말씀처럼 가시 가운데서 백합화를 피웠습니다.
그리고 가시덤불 골짜기에
꽃향기를 진동시킵니다.
그리스도의 향기입니다.

임란규 권사님이 가슴속에 품은
그리스도의 향기를

이 책에 한 자 한 자 뽑어냈습니다.

이 책은 분명 많은 사람들에게 위로가 되고
힘과 용기를 주는 선물이 될 것입니다.
한 페이지 한 페이지 읽다 보면
그리스도의 향기에 흠뻑 젖게 될 것입니다.
그리고 하나님으로 충만해지고
벅찬 행복을 느낄 것입니다.

서미옥 전도사

차
례

제1부

흘러간 시간 앞에

제2부

하나님이 다 하셨습니다

제3부

잃어버린 종이상자

제1부

흘러간 시간 앞에

1. 하나님께 편지를 씁니다

하나님 아버지!
여기, 인생의 겨울 즈음에서
바람처럼 흘러간 시간을 돌아보며
하고 싶었던 말
하고 싶은 말
묻고 싶은 말을 모아
편지를 씁니다.

긴 세월 …
제가 여기까지 올 수 있음에 감사드리며
가득 고여 있는 마음이 넘치곤 하는데
먼저 떠오르는 단어는
'하나님의 은혜' 한마디입니다.
갖가지 모든 삶
하나님의 은혜였습니다.
그럼에도 불구하고

하고 싶은 말이 많은데
해야 될 말이 많은데 말할 수 없음은
먼지처럼 쌓여있는 '죄' 때문입니다.
낫지 않는 난치병처럼
같은 죄를 반복하면서
무감각해진 마음 때문입니다.
또 말할 수 없음은
얼룩지고 아픈 마음이 많아서입니다.

이 모든 것,
주님 발아래 내려놓고 통곡하며 회개합니다.
그리한 후 하나님 아버지!
저 높은 하늘에 "감사합니다."를
한가득 씁니다.
파란 하늘이 편지지가 되고 마음이 연필이 되어
쓰고 또 씁니다.

저녁노을이 질 때까지.

하루의 삶이 평안하게 끝나감이
소망이고 행복입니다.

모든 것 다 알고 계시며
기다려주시는 하나님!
늘 잔잔한 미소로 인자하게 답해 주시는
하나님께 편지를 씁니다.
언제나 하나님께 편지를 쓸 수 있음에
감사드리며 행복합니다.
헤아릴 수 없이 많이 받은 은혜와 사랑,
어떻게 전할 수 있을까요?
하나님 아버지!

태초에 하나님이 천지를 창조하시니라(창세기 1:1).

2. 어제를 보내고 내일을 바라봅니다

하나님 아버지!
매년 마지막 달 30일!
하루만 남았네요.

시간은 우리를 기다리지 않고 빠르게 갑니다.
70여 년이 지났지만 매년 똑같이 이즈음에,
느끼는 놀라움과 서운함,
그리고 후회와 안타까움.
또 올해도 아무것도 하지 못했다는
아쉬움과 허탈감.
복잡한 생각이 많이 듭니다.

아마도 365번의 마음의 변화?
아니요.
365번의 다른 일상으로 요동치면서
많은 죄를 지었습니다.

그 순간마다 얼마나 저를
미화시키며 정당화했는지 모르겠습니다.

하나님은
지나가는 길, 지나가는 길모퉁이마다
주옥같은 말씀으로 바른길로 인도해 주셨지요.
듣지 못 하고,
듣지 않으려 하며 달려왔던 시간들,
그만 부끄러울 뿐
돌아보며 회개합니다.
최선을 한다 했지만 늘 모자랐고
이기심과 욕심이 남아 있었습니다.
아주 많이 부끄럽고 죄송합니다.
후회와 아쉬움으로 얼룩진 지난 시간을
마지막 남은 달력 한 장과 함께
보내려 합니다.

어제와 내일의 징검다리인 오늘!
오늘의 최선이 내일의 행복을 만들리라.
후회하지 않는 내일을 위하여,
마음을 다하여 오늘을 열심히 살아갑니다.
하나님이 기뻐하시는 오늘의 삶을 바랍니다.

그리한 후,
새해를 바라보며 하나님 말씀 붙들고,
겸손하게 다시 시작하리라.
부디 올해 끝자락에는
하나님의 은혜 안에서
하나님의 선한 뜻을 따라
잘 살았노라고 자랑할 수 있기를 소망합니다.

하나님 아버지! 도와주세요.

태초에 말씀이 계시니라.

이 말씀이 하나님과 함께 계셨으니

이 말씀은 곧 하나님이시니라(요한 복음1:1).

3. 새해입니다

새해 아침입니다. 하나님 아버지!
하늘도, 땅도, 어느 것도 변한 것이 없고
새로이 생긴 것도 없는데 새해입니다.

지나간 어제가 오늘과 같고,
오늘도 내일 같을진데
아침, 점심, 저녁, 그리고 밤이 오는데
365일이 일 년이라고!
24시간이 하루라고!
정해진 틀을 지나면서 세월이 간다고 합니다.
새해 아침이 왔나 했는데
어느새 겨울 마지막 밤이 옵니다.
그리고 또 새해가 옵니다.
그것이 삶이고 그것이 인생이라고 끄덕입니다.
하지만, 늘 새해가 오면
무엇인가 다르리라는 기대감,

지난해와 달리 다른 색깔의 삶이,

행복이,

희망이 있으리라

설렘으로 새 달력 첫 장을 뜯습니다.

따뜻하고 깨끗한 마음으로 새해를 그립니다.

아마도 저 하늘에서,

저 눈 덮인 하얀 산에서,

앙상한 나뭇가지에서,

조용히 펼쳐있는 저 구름 속에서,

새로운 무엇인가,

작은 몸짓으로 이미 시작했으리라.

이렇게 새해는 시작되고 시간 따라

우리는 또 지나갑니다.

세밀하고 사소한 일까지도 도와주시는

하나님께 기도드립니다.

모든 것,

하나님의 계획 안에 있으니

모든 것 참으며,

모든 것 믿으며,

모든 것 바라며,

모든 것 견디며,

행여나 삶이 나를 속일지라도 순종하며

"하나님 보시기에 좋았더라." 하는

올 한 해가 되기를 기도드립니다.

하나님 아버지! 인도해 주세요.

너는 범사에 그를 인정하라.

그리하면 네 길을 지도하시리라(잠언 3:6).

4. 흘러간 시간 앞에

하나님 아버지!
오늘은 거울 속에서 흘러간 시간을 봅니다.
문득! 거울에 비친 내 모습
흐르는 세월 막을 길 없어
하얗게 서리 내린 머리와 주름진 얼굴
나 언제 이리도 변했나.
그 모습 인정하는데도
한동안 시간이 필요했습니다.
소멸해 가는 뇌세포로 인해
급기야는 치매라는 원치 않는 병으로 갈까
전전긍긍합니다.

60여 년을 함께한 소꿉친구를 보면서
네 모습 속에 내가 있고
내 모습 안에 네가 있는데
'내가', '네가' 하면서 깔깔거리고 웃습니다.

머지않아 내가 너를, 네가 나를
못 알아볼까 봐 가슴 한 쪽이 저려옵니다.
칠순이 지난 지금
무슨 욕심이 있을까요?

내 삶이 추억 안에 주마등처럼 지나갑니다.
다 기억하고 있는데 …
머릿속에 차곡차곡 쌓여 있는데 …
남아있는 삶도,
맑은 정신과 마음으로 하나님 말씀 순종하며,
떠나가는 그 자리가 아름답게,
그리움으로 남겨지길 바랍니다.

하나님 아버지!
우리 모두 하나님이 허락하시는 날까지
소중한 아름다운 추억을

예쁜 소설로 또렷하게 기억하며
마음도
생각도
잃어버리지 않으면 좋겠습니다.

하나님 아버지! 허락해 주세요.

두려워하지 말라.

내가 너와 함께 함이라(이사야 41:10).

5. 삶이 나를 속일지라도

하나님 아버지!
하늘이 파랗게 한없이 높아지고 있습니다.
창가에서 보는 하늘은 파란 도화지 같습니다.
흰 구름이 빛과 어울려 그림을 그립니다.
넋 놓고 마냥 바라보며
입속에 자연스레 떠도는 말
"삶이 그대를 속일지라도."
그렇습니다.
삶은 간간이 속이곤 했습니다.
아닌 척하면서 당연하듯이 다가오곤 했습니다.

행여 꿈속에도 생각해 보지 못한 삶이
뚜벅뚜벅 저의 아늑한 방으로 걸어 들어와
폭군처럼 제 마음 아랑곳하지 않고
다른 모양의 얼굴과 모습으로
간섭하며 망쳐 놓곤 했습니다.

삶은 언제나 정답이 없었고,

삶은 때마다 나의 선택을 원했습니다.

삶은 많은 질문을 내게 하곤 했습니다.

또한, 삶은 내게 많은 의문을 갖게 했습니다.

온전하지 못한 나이므로 실수를 하곤 했지요.

예수님이라면 어찌하셨을까요?

먼저 여쭈어야 했습니다.

이렇게 삶은 수많은 고비를 넘어야 했는데,

그때마다 모든 것 합력하여

선으로 이끌어 주시는 하나님의 은혜로

산을 넘고 강을 건너

'나' 여기에 있습니다.

은혜주신 하나님께 감사하며

삶 그 자체가 무어라 해도

아니라고 하고 또 아니라고 해도
'나' 여기 우뚝 서서
한 그루 나무가 되어
세상의 모든 것에 의지하지 않고
하나님만을 바라봅니다.
그리고 "나 여기 있으리라."
하나님이 허락하신 그 순간까지
그것이 순종이었습니다.

수고하고 짐진 자들아 다 내게로 오라.
내가 너희를 쉬게 하리라(마태복음11: 28).

제가 있을 자리에
제가 있는 것으로
순종합니다.

6. 왜 '나'였을까요?

올겨울은 눈이 많이 오려나 봅니다.
온 세상이 하얗게 하얗게 쌓이는데
움푹 팬 발자국 두 개가 따라갑니다.

하얀 세상을 보면서
제 머릿속도 하얗게 …
아득하게 …
눈을 감으며 다 지워 버립니다.

기억하고 싶지 않은 많은 이야기들,
용서할 수 없다고
감추어 두었던 그 많은 사연들,
아픔으로 남아 있는 상처들까지도
다 지워버립니다.
버리고 또 버려도
버릴 수 없는 이야기가 남아있지만 …

애쓰며 다 지웁니다.

다 제 탓이라 내려놓습니다.
더 사랑해야 했었는데 …
더 참았어야 했었는데 …
더 미안해야 했었는데 …
하지 못한 나 때문이라고!

이렇게 나를 내려놓게 하신
하나님의 큰 사랑에 감사드립니다.

모래알 하나같은 '나'
'나' 하나님 품 안에 있으니
세상 것이 다 제 것 같습니다.
아니 제 것은 하나도 없지만
하나님 품 안에 있으니

다 제 것 같아 세상 것 다 버릴 수 있습니다.
그러면서, 하나님 아버지!
저 파란 하늘만 제가 가지면 안 될까요?
마음 든든하여 살며시 웃어 봅니다.

아~, 그런 거지요.
아~, 그런 거지요.

그리한 후에 또
저를 들여다보고 아파하며 하나님께 묻습니다.
왜 나였을까요?
이 어리석음을 …
참으로 딱 한 제 모습입니다.
저 뜰의 흰 눈처럼 깨끗하면 좋겠습니다.

하나님 아버지! 어찌하나요?

내 마음이 약해질 때에 땅 끝에서부터 주께 부르짖으오리니 나보다 높은 바위에 나를 인도하소서(시편 61:2).

7. 많이 죄송합니다

하나님 아버지!
하나님을 믿는다고 하면서
하나님을 안다고 하면서
하나님을 사랑하고 의지한다고 하면서
저의 미성숙한 모습으로 마냥 게을렀습니다.

전지전능 하신 하나님이라고 하면서
지금도 살아계셔서 역사 하시는 하나님,
무에서 유를 창조하신 능력의 하나님,
모든 것 합력하여
선을 이루시는 하나님이라고 하면서
저는 하나님께 모든 것 해달라고
욕심만 부렸습니다.

모든 은혜의 하나님!
모든 사랑의 하나님!

모든 긍휼의 하나님!
모든 언약의 하나님!
참 좋으신 나의 하나님이라고 하면서
저는 하나님께 핑계만 대며
많은 것을 포장했습니다.

밀려오는 현실의 삶이 힘들고 버거워서
도피처로,
안식처로,
하나님 품 안에서
마냥 안일했던 제가 아니었나 합니다.
마냥 복만 달라고
떼쓰기만 했던 제가 아니었나 합니다.

하나님만 바라본다고 하면서,
내 지혜

내 생각

내 마음대로 살았습니다.

어긋난 삶으로 인해

하나님을 슬프게 했던 제가 아니었나 합니다.

습관처럼

제가 해야 할 일까지도 하지 않은 채,

핑계 대며

시간만 낭비하는

저는 욕심쟁이였습니다.

그럼에도 불구하고,

한량없는 은혜로 지켜주시며 인도해 주셨습니다.

하지만, 감사함을 잊은 채

소중한 순간을 잃어버렸습니다.

이제, 하나님 말씀 순종하며

하나님의 큰 사랑과 은혜에 보답할 수 있는
하나님이 원하시는 '저'이길 바랍니다.

저는 용서받은 죄인입니다.

너무 오랜 시간을 낭비하고만 … 죄인입니다.
아주 많이 죄송합니다.

영생은 곧 유일하신 참 하나님과 그가 보내신 자
예수 그리스도를 아는 것이니이다(요한복음 17:3).

8. 침묵은 금이라 했는데

수없이 많은 말을 합니다.
의미 있고, 의미 없고,
슬픔, 기쁨, 절망의 말
얼마나 많은 말이
의미 없이 저 공중에 흩어졌을까요?
마음속에 가득 담겼던 말까지
필요하지 않은 말을 더 많이 한 것은
아닐까 되돌아봅니다.

침묵해야 했었는데
침묵할 수 없었던 사연이
이해할 수 없었던 황당함
배려하지 않은 무관심
아~, 모든 것 다 그냥 지나가는 것!
나만의 절규였을 터인데
아무도 기억하지 않음을 아는데 …

말을 해도 아픔을 지울 수 없음을 알면서
왜 쓸데없는 말을 해야 했을까?
돌아봅니다.

알아주는 사람 없어도
하나님이 알고 계시는데 …
엄청난 위로로 감싸주시는데 …
그분으로 감사합니다.
억울해 하는 제 작은 몸짓과 무너진 자존심은
아무 의미가 없음을 알게 하셨습니다.

말하지 않아야 했었는데
참지 못했던 그 순간을 …
하나님께 용서를 구합니다.
참을 수 없는 것까지도 참으라 하셨는데
사랑의 말

따뜻한 배려의 말
남을 세워주는 말을 하라 하셨는데
알면서도 행하지 못한
저의 못난 고집이었음을.

어찌하나요?
침묵하며 기다려야 했는데
조용히 들어주고
같이 울어줄 수 있는 마음이 필요한데 …

하고 싶은 말을 하지 말고
해야 될 말을 하라고 하신 말씀을
되새겨 봅니다.

하나님 아버지! 감사합니다.

여호와여, 내 입에 파수꾼을 세우시고
내 입술의 문을 지키소서(시편 141:3).

9. 견디어 내는 것은?

하나님 아버지!
"모든 것을 참으며, 모든 것을 믿으며,
모든 것을 바라며, 모든 것을 견디느니라."
하나님께서 주신 사랑의 말씀입니다.
'견디어내는 것.'
참으로 힘들고 외롭고 때로는
많이 슬픈 것이라고 고백합니다.

나 혼자 해내야 하는 것
나 혼자 가슴속 어루만지며 다독거리는 것
나 혼자 하늘을 보며 떨어지려는 눈물방울을
흘러내리지 않게 깜박거리며 참아내는 것
그리하여 마침내는 아무것도 아니라고
무표정으로 "괜찮아. 괜찮아." 하는 것
그러면서 밀려오는 외로움이 힘들어
슬프다고 합니다.

하나님 아버지!

때론 많이 힘들 때가 있습니다.

한쪽 마음이 무너져 가슴이 뻥! 하고 뚫리면

걷잡을 수 없는 절망과 절규가 쏟아져 나오지만,

그것 또한 부질없는 작은 제 몸짓일 뿐!

아무 의미 없지만 하나님만 아실까요?

하지만 하나님 아버지!

견딜 필요 없이 견디어 냈던 순간들을

기억합니다.

견딜 수 없다 했는데 …

참을 수 없다 했는데 …

무너지려는 저를 붙잡으며

동행해 주신 하나님의 계획과 섭리로

견디게 하셨습니다.

힘들었던 순간을 지나가게 하심은

오직 하나님의 은혜였습니다.
저 혼자가 아니었음을
하나님이 함께 하시므로
제가 견디어 낸 것이 아니라,
하나님이 견디어 내게,
오~래 참을 수 있게 하셨습니다.

땅 끝에서 떨어지려 하는
저를 불러주신 하나님이 계시니
그 낭떠러지에서
다시 태어남을 알고 있습니다.
하나님이 알고 계시니 무엇을 더 바랄까요?
묵묵히 서 있는 저 나무들도
알고 있을까 합니다.

견디어내는 것 …

사랑을 알아가는 또 하나의 모습이었습니다.

하나님 아버지! 무슨 말을 할 수 있을까요?

오직 성령이 말할 수 없는 탄식으로
우리를 위하여 친히 간구하시느니라(로마서 8:26).

10. 단 하나 자랑할 것이 있어요

하나님 아버지!
하얀 눈이 여기저기 회색빛 넓은 하늘에
지난 시간을 그려봅니다.

만만치 않은 삶이 참으로 길었는데
제가 한 것은 무엇이며
제가 무엇을 가장 사랑하며 살아왔을까 하지요.
저의 삶이 과연 자랑할 만한 것이었던가
또 후회의 삶은 없었던가 물어봅니다.

기억하지 못한 많은 잘못과 실수
숨기고 싶은 나의 치부도
분명 많이 있을 터인데 …
수없이 회개하면서 거듭나고,
또 거듭났으리라.
그럼에도 불구하고 죄인일진대

하지만 하나님 아버지!
단 하나 자랑할 것이 있습니다.

제가 하나님을 안다는 것,
믿는다는 것, 그리고
감히 하나님을 사랑한다고 말할 수 있음이
행복이고 기쁨입니다.
막연하게 알았던 하나님을
말씀을 통해,
기도를 통해
더 자세히 알게 하셨습니다.
이 세상의 언어로 어떻게 표현할 수 있을까요?
하나님은 이 세상에서,
가장 멋진 분이라고 자랑합니다.

이 세상에서 자랑할 수 있는 유일한 분,

이 세상 모든 시간과 공간에서 오직 한 분!
하나님을 자랑하고 싶습니다.
비록, 제 작은 몸짓과 기도가
많이 모자라지만
참 좋으신 하나님을
순종하며 따라가려 합니다.

이 세상에서
마땅히 자랑해야 되는 유일한 분!
오직 하나님 한 분입니다.
저는 많이 부족하지만 하나님을 자랑합니다.

하나님이 세상을 이처럼 사랑하사 독생자를 주셨으니
이는 그를 믿는 자마다 멸망하지 않고 영생을 얻게 하려
하심이라(요한복음 3: 16).

제2부

하나님이 다 하셨습니다

11. 많이 행복했습니다

하나님 아버지!

밤새 하얀 눈이

온 세상을 포근하게 만들었습니다.

깨끗한 하얀 눈을 보면서

어린 시절, 언제였던가

눈이 펑펑 내리면

강아지처럼 뛰어다니며 눈사람 만들고,

눈싸움하고,

이유 없이 마냥 기뻐하며 행복했습니다.

성탄절 전날,

눈이 오면 하늘의 축복이라 하며 기뻐했습니다.

설레는 마음으로 거리를 걸었던 학창 시절,

'화이트 크리스마스!' 흥얼거리며 즐거워했습니다.

신비한 눈송이를 보며

마냥 행복해하며

들떠서 떠들어 댔던 친구들!

아~ 그 시절이 그립습니다.

이제 인생의 겨울 즈음에서
흰 눈 내리면 아직도 마음이 설레며
소녀 시절로 돌아가지만
마음을 따라가지 못하는 몸은 아니라고 합니다.
눈이 오면 넘어질까,
미끄러질까,
외출할 수 있을까 …
걱정이 앞서는 지금입니다.
어쩌면 세상은 다 그대로인데
저만 세월 따라 작아졌나 봅니다.
하지만 지난 시간 돌아보며,
행복했던 많은 순간들은 이미 계획하셨던,
하나님의 큰 축복이었습니다.
내일을 모르는 채 갈 수 있었음도

하나님의 큰 사랑이었습니다.

하나님이 주시는 행복은
세상이 주는 행복과 다르게,
큰 사랑으로 감싸주시며,
엄청난 기쁨과 평안으로,
온전한 안식을 주셨습니다.

하나님 아버지!
큰 웃음을 허공에 날립니다.
옛날 그런 시절이 있었노라고!
행복한 순간마다
하나님이 예비하신 선물이었습니다.

모든 것 하나님이 마련해 주신 세상에서
아주 많이 행복했습니다.

아주 많이 감사합니다.

평안을 너희에게 끼치노니 곧 나의 평안을 너희에게 주
노라. 내가 너희에게 주는 것은 세상이 주는 것과 같지
아니하리라. 너희는 마음에 근심하지도 말고 두려워하
지도 말라(요한복음 14:27).

12. 인생은 광야

하나님 아버지!
인생이란 높은 산을 오르려는 여정이기보다는
광야를 지나가는 것이라고 하신
목사님 말씀이 생각납니다.

광야,
끝이 보이지 않는 드넓은 벌판,
비단길 같은 모래가 깔려있고,
아무 문제가 없을 것 같았습니다.
자신 있게 안심하며 많은 희망과 계획을 안고
쉽게 지나갈 수 있으리라 생각했습니다.
푸른 꿈을 갖고 한 발짝 내디뎠던 그 길,
지표도 없이 제 오만과 지혜로 떠나왔습니다.

하지만 생각지도 못한 지뢰밭을 지나야 하고
힘들고 어려웠던 삶의 터널을 통과해야 했습니다.

고통, 불행, 슬픔과 행복, 사랑, 기쁨도 같이
동행했습니다.
저의 무지함을 따라 걸었던 길,
후회와 아픔으로 얼룩졌던 길,
싫다고 되돌아갈 수 없었던 길,
아~ 하나님을 잃어버린 시간들.
어찌하나요?

그동안 얼마나 많은 죄와 실수,
그리고 얼마나 많은 시행착오를 했을까요?
얼마나 더 가야 할 광야가
기다리는지 알 수 없지만
이제는 하나님 말씀을 지표 삼고
하나님의 은혜 안에서 갈 수 있음이
마냥 든든하고 행복합니다.

광야는 다 지나갔으리라. 다 지나가리라.
광야 안에서도 하나님은 지팡이와 막대기로
인도하며 선한 길로 이끌어 주셨습니다.

이제, 하나님이 마련하신 그 길 따라
겸손하게 따라가리라,
하나님의 은혜 안에서
가나안 땅을 밟으리라 합니다.
하나님 앞서가시면 그 뒤를 따르렵니다.
참으로 긴 광야의 시간이었지만 깨달음 주시며
지혜 주신 하나님께 감사드립니다.
광야가 있어서 제 삶에 더 의미가 있었음을 …
그 광야까지도 하나님의 사랑과 은혜였음을
고백합니다.

하나님 아버지를 따라갑니다.

주께서 나의 등불을 켜심이여

여호와 하나님이 내 흑암을 밝히시리이다(시편 18:28).

13. 꽃들이 아주 많이 예쁩니다

하나님 아버지!
오늘을 시작합니다.
무엇을 할까?
무슨 일이 있을까?
꼭 해야 할 일도, 약속도 없는 날입니다.
이렇게 한가하게 지낼 수 있음은
70여 년의 삶을 살아 낸 큰 보상일까요?
열심히 달려왔고 잘 달려왔노라고
하나님이 주시는 휴가인가 봅니다.

젊은 시절,
수없는 봄, 여름, 가을, 겨울 안에
피고 지던 아름다운 꽃들도
볼 여유 없이 바빴는데 …
어느새 세월이 지나 둘러보니
예쁜 꽃이 보였습니다.

초록색 위에 앉아 있는

갖가지 고운 색깔의 꽃들.

묵묵히 멋진 모습을 자랑하며 서있는

푸른 나무들.

찬란한 햇빛 아래,

파란 하늘에 두둥실 떠있는

하얗게 빛나는 뭉게구름과

솜사탕 같은 조각구름들.

너무나 예뻐서

보고 또 보고

돌아서서 또 봅니다.

하나님이 만드신 이 세상이

얼마나 아름다운지요!

얼마나 예쁜지요!

세상이 이렇게 아름답다는 것을 깨달은 때는

이미 반백의 머리와 얼마간의 주름살이 생긴
인생의 가을 즈음이었습니다.
꽃들이 어찌나 예쁜지 …
해가 거듭할수록 꽃은 더 예뻤습니다.
하늘은 더 예뻤습니다.

"그랬었구나 …."

이렇게 아름다운 세상을
바쁜 삶에 쫓기어 보지도 못했습니다.
아니요, 보지 않았던 것입니다.
진정한 성공이 무엇인지도 모르면서
성공하려고 앞만 보고 달리며
마련된 아름다운 자연을 보지 못한 채
그렇게 지나쳤습니다.

이제 예쁜 꽃들이 더 예쁘게
저 푸른 하늘이
하얀 구름이 더 아름답게 보여 짐은
아마도 인생의 겨울 즈음에 보내주신
큰 선물인가 봅니다.
하나님은 모든 것을 마련해 두시고
기다리셨습니다.
온 세상을 사랑으로 포장하셨습니다.
하나님이 지으신 모든 것은
최고의 작품이었습니다.

하나님이 마련해 주신 자연!
얼마나 아름다운지요.

만군의 여호와여

주의 장막이

어찌 그리 사랑스러운지요(시편 84:1).

14. 예수님을 그려봅니다

어느 날, 언제부터인가
아마도 고등학교 미술시간을 끝으로
그림을 그려 본 적 없는데
막연하게 파도를 그리고 싶었습니다.
제가 살아가는 삶이
출렁이는 파도 안에 다 녹아지고
많은 것을 회상하며
떠나보낼 수도 있었습니다.
하지만 파도로 시작한 그림이 풍경화를 그리고
이제는 예수님을 그립니다.

예수님을 보지도 못했는데 …
감히,
하지만, 뵙고 싶은 마음 가득 고여
그리고 또 그려봅니다.
영화 속에서 본 예수님(?)

상상 속에서 그려 본 예수님(?)
성경 말씀에서 만났던 예수님(?)
늘 기도하며 매달렸던 하나님(?)
그냥 막연하게 뵌 듯한 모습 …
이 모든 것을 마음에 담으며 그려봅니다.

보지도 못하였는데
늘 만나 뵌 것 같은 예수님!
분명 본 것 같은 예수님!
제 나름대로 생각한 예수님을
그리고 또 그립니다.

한량없는 은혜로
사랑과 온유함으로,
오래 참고 순종하시며
자비와 양선을 베푸시는 예수님!

선한 뜻을 따라가는 인자하신 예수님!
지금도 우리를 기다리시며 찾으시는 예수님!
어떻게 무슨 색깔로 그릴 수 있을까요?

오늘은 무슨 옷을 입으셨을까?
신발을 신으셨을까?
웃고 계실까?
아니면 시름에 젖어 계실까?
서울에 오신 예수님!
강가에 오신 예수님!
환하게 웃으시며 기뻐하시는 모습을 상상합니다.
험한 세상 보시며 슬퍼 눈물 흘리시는 모습도
그려봅니다.
아마도 하나님 보시면 웃으실 것 같아
저도 덩달아 행복해합니다.
이렇게 보고 싶은 예수님을 그때마다

다르게 그립니다.
예쁘게 잘 생긴 예수님을 보면서
살며시 웃어봅니다.

하나님 아버지!
이렇게 제 마음대로 그려도 되나요?
여쭙니다.
마음 가는 대로 늘 그려보고 싶습니다.
욕심 가득 부려도 괜찮나요?

하나님 아버지! 사랑합니다.
아주 많이요.

나의 힘이신 여호와여
내가 주를 사랑하나이다(시편 18:1).

15. 참 많이 잊고 살았습니다

하나님 아버지!
하늘이 잔뜩 찌푸리고 밝은 해는
3일째 보이지 않습니다.
온 세상이 회색빛으로 우울해 보입니다.
밝게 웃으며 튀어 오르던 발그스레 노란 해가
어느새 많이 보고 싶습니다.
얼마나 오랜 세월 묵묵히
자기 자리를 지키며 빛을 비췄을까요?

해, 달, 별 등이 없다면
이 세상은 얼마나 깜깜 할까요?

새에게는 공기가
물고기에게는 물이 당연하듯이
저도 하나님의 창조 세계 안에서
당연한 듯이 살았습니다.

감사함을 잊은 채
많은 것을 무감각하게,
무시하며 살았습니다.

이 세상 모든 것에 감사하며 살아야 했음을 …
이름 모를 작은 풀
작은 벌레까지도
저를 위해 존재했음을 깨닫습니다.
삶의 곳곳에 숨겨져 있던
하나님의 비밀을 알려 하지 않는 채,
내일을
먼 훗날을 바라보지 못하고
소중하게 간직하며 보호하고 돌보아야 했던
자연의 모든 것에 무관심하고 무지한
저였습니다.

해, 달, 별,
무한하게 펼쳐져 있는 모든 자연,
삶을 위해 준비된 모든 동식물과 물질들
살아가는데 필요한 모든 것들.
다 감사해야 했음을
모든 것이 하나님의 사랑과 은혜였습니다.

제가 존재하기 위해
얼마나 많은 것이 필요했는지
하늘부터 땅까지
셀 수 없이 많은 것을 준비해 주신
하나님께 "감사합니다." "감사합니다."를
되뇝니다.

저 드넓은 하늘에 "감사합니다."를
가득히 써도 모자랍니다.

참 많이 잊고 살았습니다.

아~ 하나님 아버지!

여호와께 감사하라.

그는 선하시며 그의 인자하심이

영원함이로다(시편 118:1).

16. 하나님이 다 하셨습니다

하나님 아버지!
드넓은 파란 하늘을 보노라면
마음이 맑아져 행복합니다.
인생무상일까요?
언제 여기까지 왔을까 합니다.
삶에 떠밀려 어느새 '나' 여기에 있는지 ….

많은 것들이 지나갔음에 불구하고
남아있는 것은 아무것도 없습니다.
손으로 쥘 수 있는 어느 것도 없고,
간직했던 소중한 마음까지도 없는데
텅 빈 그 자리!
그것까지도 행복합니다.

태어나서 지금까지
얼마나 많은 사람을 만났을까요?

그들은 어디에서 무엇을 하며 행복해 할까요?
제가 그들을 떠나왔던 것처럼
그들은 다 떠나갔는데 …
아득한 그리움만 남아 있습니다.

40여 년 동안 소아과 진료실에서
많은 아픈 아가들과 엄마들, 할머니, 할아버지,
스쳐간 많은 간호사들 …
저는 늘 남겨지고 그들은 다 떠나갔습니다.
마음 저리게 아프게 했던
선천성 심장질환 아기
산소 과다 흡입으로 장님이 된 아기
유전병으로, 뇌성마비로,
힘들어했던 엄마의 모습이,
그 아가들을 생각하면
지금도 마음이 아파옵니다.

그들은 잘 살고 있을까요?
다 떠나보냈나 했는데
아직도 마음 한구석에
아픔으로, 그리움으로 남아 있습니다.
그리곤 그들이 떠난 것이 아니라
제가 떠나왔나? 하고 갸우뚱합니다.

하지만 지금은 아무것도 없습니다.
그들이 없는 텅 빈자리에
저는 아무것도 아닌 채로 여기에 있습니다.

이제 나그네의 삶을 인정하면서
모든 것 하나님이 다 하셨고
다 감당해 주신 것입니다.
어렵고 힘들었던 순간마다
하나님이 도와주셨고

지혜 주셨던 온전한 은혜였습니다.
저의 삶 모든 것 이끌어 주시며
나 여기 이렇게 있을 수 있음도
하나님의 은혜와 사랑이었습니다.

제가 한 것이 아니었습니다.
하나님이 다 하셨습니다.

하나님께 영광을!!!

사람으로는 할 수 없으되
하나님으로는 그렇지 아니하니
하나님으로서는 다 하실 수 있느니라
(마가복음 10:27).

17. 나를 알게 하셨습니다

가벼운 마음으로 오늘을 시작합니다.
며칠 동안 숨겨 두었던 마음을
새벽 기도 드리면서
다 말씀드렸지요.
아닌 척하면서
깊숙이 넣어 두었던 상처받은 마음을
말씀드렸습니다.
하나님은 다 알고 계심을 …

잠깐 스쳐가는 나쁜 생각, 마음까지도
다 알고 계시는데 하면서
왜 숨기고 싶어 했는지 모르겠습니다.
아마도 제가 생각하는
나보다 더 멋진 나로 보이려 했나 봅니다.
하지만 아무 소용 없음을 알게 되었고
다 말씀드리니

몸과 마음이 날아갈 듯 가벼워지고
회개하게 하시니 감사합니다.
깨달음 주시며 저를 알게 하셨습니다.

모든 이해관계에서 욕심냈던 내 모습,
집착하면서 매달렸던 내 모습,
내 잘못을 보지 않은 채,
남의 잘못을 먼저 보았던
나의 못난 모습이 나를 아프게 했습니다.

나를 내려놓겠다 하면서 늘 한 귀퉁이에
나의 자랑
나의 교만
나의 이기심을 숨겨놓고,
이만큼만 하면 된다고
엄살 부리며 포장했습니다.

네가 나 일 수 없고, 내가 너 일 수 없음을
너와 내가 다르다는 것을 알고 있는데
잠깐 잊었습니다.

나보다 먼저 너를
이해해야 했음을 …
배려해야 했음을 …
저도 모르게 엄청난 욕심을 부렸습니다.
미성숙하고 불완전한 나를 보게 하셨습니다.
하나님!
참으로 온전해진다는 것은
불가능해 보입니다.
알고 실천할 수 있다고 다짐하지만
어느새 욕심이 철부지가 되어
기대하며 매달리곤 합니다.
그리한 후 많은 상처로,

많이 기대한 만큼 더 깊은 상처로
아파합니다.
제 무지함을 알게 하신 하나님께
감사드립니다.

저의 어리석음이었습니다.
제 탓이었습니다.
하나님의 선하시고 인자하심 안에 있기를 소망합
니다.

하나님 아버지!
참 못난 제 모습입니다.

죄가 너희를 주장하지 못 하리니 이는 너희가 법 아래에
있지 아니하고 은혜 아래에 있음이라(로마서 6:14).

18. 소리쳐 봅니다

하나님 아버지!
밤새 흰 눈이 살짝 내렸습니다.
겨울이 소리칩니다.

인생의 겨울 즈음, 여기에서
아직도 이 궁리 저 궁리를 합니다.
백 년을 더 살 것 같은 용기로
하고 싶었던 것
하려는 것
바라던 모든 것을
다 할 수 있는 양으로 들떠 있기도 합니다.
마냥 소녀처럼
어린아이처럼 다 하리라,
다 해보리라,
시간도 내 편인 것 같아 다 할 수 있으리라.

하지만,

무거운 것도 싫고

잠깐 스치는 바람도 뼈를 시리게 하고,

하루하루는 길게 느끼는데,

일 년은 바람처럼 지나가 나 여기에 있습니다.

열심히 살았던 삶!

이제 자식들도 다 곁을 떠나고

남아 있는 것은 추억과 두 늙은이뿐입니다.

사는 것이 바빠서, 어쩌면 밀리는 대로,

흘러왔던 시간들, 여유 없었는데 …

행복과 불행을 생각할 사이도 없이

사명감, 책임감으로 채워졌던 세월.

어느새 자식들은 다 성장하고,

자기 삶을 찾아 떠나고

소중한 추억 가득 안고

우리만 여기에 있습니다.

이제, 다시 되돌아갈 수 없는 길처럼,
같이 갈 수 없는, 혼자 가야 하는
정해져 있는 그 길을 따라가야 합니다.

겨울이 눈이 오며 소리치는 것처럼
소리쳐 봅니다.
'나' 하나님의 은혜와 섭리 안에서
잘 살아올 수 있었음을
"감사합니다." 하고 크게 소리칩니다.

꿈같이 지나온 그 길마다
하나님이 계셨습니다.
슬퍼도, 힘들어도,
살아올 수 있었음을 …

하나님 때문에!
하나님은 길마다
믿음, 소망, 사랑을
심어 놓으셨습니다.

이제, 하나님이 기뻐하시는 일만 해도
모자라는 시간입니다.

하나님 아버지! 하늘을 향해 큰소리로
"감사합니다."를 소리칩니다.

나를 넓은 곳으로 인도하시고
나를 기뻐하시므로
나를 구원하셨도다(시편 18:19).

19. 하나님께 맡깁니다

하나님 아버지!
많이 힘들고 어려운 세상입니다.
험한 세상이라고 부르게 된
지금의 지경이 언제부터였을까요?
생각할 수도 없는 천륜의 죄를 짓는,
극도의 이기심으로 저지르는 모든 끔찍한 일이
매일 뉴스에 보도되곤 합니다.

태어나 자라고,
성인이 되고, 결혼하고, 자식을 낳고,
키우고 떠나보냅니다.
부모 노릇 처음 하는 것이니
모르는 것도 많고
얼마나 많은 시행착오를 했을까요?
사랑한다는 이유로,
맹목적인 사랑으로,

내가 낳았다고 내 것 인양
내 마음대로 고집 부린적은 얼마나 많았을까요?

험한 세상에서
힘들었던 순간이 많았음에도 불구하고
사회의 일원으로 당당하게 일하는
이 세상 모든 사람들을 보며 감사합니다.
누군가의 아들, 누군가의 딸,
그리고 누군가의 부모인 우리 모두,
하나님이 주시는 기쁨과 평안을
나눌 수 있으면 좋겠습니다,
하나님의 선하신 뜻과 계획이 있으리라,
하나님이 분명 인도하시리라 믿습니다.

우리 모두 부족하지만 이해를 구합니다.
힘든 오늘은 곧 지나갈 것이고

내일은 밝은 희망을 주실 것입니다.
그리하여 또 하나의 산을 넘으며
지나갈 수 있으리라 하나님께 맡깁니다.
집에 왔다 돌아가는 자식들을 배웅하며,
그 모습 보이지 않을 때까지 지켜봅니다.
이제 얼마나 더 돌아가는 자식들의 뒷모습을
지켜볼 수 있을까요?

험한 세상에 살고 있는 모든 아들, 딸들이
다 행복하고 뜻 있는 삶,
나름대로 의미 있는 건강한 삶이
마련되면 좋겠습니다.
모든 삶 중심에
하나님이 계셨으면 좋겠습니다.

하나님 아버지!! 간절히 기도드립니다.

이 하나님은 영원히 우리 하나님이시니

그가 우리를 죽을 때까지 인도하시리로다(시편 48:14).

20. 당연한 것은 하나도 없습니다

'하나님 아버지!' 오늘도 이렇게 불러봅니다.
마음 가득히 드리고 싶은 말 차고 넘치는데,
실타래 푸는 것처럼
마음 한 조각을 풀어냅니다.

지구의 종말, 말세, SF 영화에 나올듯한 단어가
생각납니다.
미국 핵과학자회에서
지구의 종말 시계가 90초 남았다고
새해 첫 달에 발표했습니다.
놀랍기도 하고, 믿기지 않는 뉴스에
"어머나!" 하고 저도 모르게 소리칩니다.
하나님의 시간과 인간의 시간이
분명 다를진대 …
하지만 무엇인지 모르지만
막연하게 알듯 합니다.

참으로 긴 세월 돌아봅니다.
하나님이 넉넉히 빌려주신 세상에서
당연하게 살아왔음을
모든 관계에서도
당연하게 받아왔던 모든 물질과 마음들
어느 것 하나도 당연한 것은 없는데 …
왜 마땅히 당연하다고 착각하며 살았을까요?
저의 무지와 욕심이
진실을 외면했나 봅니다.

하나님이 마련하신 우주 만물, 한없는 은혜.
부모님이, 자식이, 친구와 지인들이 주었던
크고 작은 마음과 물질 모든 것 …
오고 갔던 소중한 마음과 배려 …
제가 누릴 수 있었던 모든 것,
당연한 것은 아무것도 없었음을 되돌아봅니다.

감사함으로 가득 채워져야 했던 모든 순간을
몰라라 하면서
무감각하게, 무시하며, 당연히 여겼던
삶의 조각들이 미안합니다.

빈손으로 태어난 우리들
내 것은 하나도 없었는데
그리고 또 빈손으로 떠나야 하는 우리들입니다.
살아가는데 필요 한 모든 것을
가질 수 있었음은
하나님이 값없이 거저 주시고
거저 빌려주신 은혜입니다.

하나님 아버지!
당연한 것, 마땅히 받아도 되는 것은
아무것도 없었습니다.

제 것 인양,

가지려 했던 못난 욕심 때문에

감사해야 하는 순간을

잃어버렸던 시간이 많이 부끄럽습니다.

나그네의 삶! 오직 하나님의 은혜였습니다.

나는 포도나무요 너희는 가지라. 그가 내안에 내가 그안
에 거하면 사람이 열매를 많이 맺나니 나를 떠나서는 너
희가 아무것도 할 수 없음이라(요한복음 15:5).

제3부

잃어버린 종이상자

21. 물망초

하나님 아버지!
봄이 되면 보랏빛, 핑크빛으로
수줍게 피어나는 물망초의
겸손한 모습이 사랑스럽습니다.
한가득 옹기종기 피어나면서
'나를 잊지 말아요.'라고 소곤거리지요.
안 보인다 하고 찾으면 나를 잊지 말라고
속삭이며 한구석에서 나타납니다.

젊었을 때,
세상에서 가장 슬픈 일은 잊혀지는 것,
나를 잊어버리는 것이라고
얼마나 슬프고 외로울까
고민했던 그 시절을 생각하면
살며시 웃음이 납니다.

그들이 잊어버리는 것,

내가 잊어버리는 것,

다 아주 슬픈 일이라고,

외롭고, 고통스러울 것이라고 추측했습니다.

이제 되돌아보니

잊어버린 줄 모르게 잊어버리며,

아득한 추억으로,

퇴색된 색깔로,

어렴풋이 느끼는 향기로 잊어버렸습니다.

그들을 떠나보냈고 내가 또 떠나왔습니다.

그리하여,

괴로웠던 아픔도 퇴색되어

"그랬었나?" 하고 넘어갑니다.

희미하게 남아있는 기억 속에 아픔도,

슬픔도, 행복한 추억으로 아름답게 남아있습니다.

긴 꿈을 꾸었나 봅니다.

"그래. 그럴 수도 있지."
"그랬구나."
잊으며 살아가는 것이
우리가 살아가는 최선의 모습인가 봅니다.
"그런 거지." *끄덕*이며,
바람같이 지난 시간을
잔잔한 미소와 함께
하얀 안갯속으로 날려 보냅니다.

잊어버릴 수 있음에 감사드리며,
잊는다는 것이
다 슬프고 외로운 것만은 아니라고.
잊을 수 있게 하심도
하나님의 따뜻한 사랑과 배려였습니다.

그리하여, 하나님은

우리 모두 더 행복하길 바라셨습니다.

아~ 그러셨군요. 하나님 아버지! 감사합니다.

여호와께서 하늘에서 굽어보사

모든 인생을 살피심이여(시편33:13)

22. 친구야!

어제 대학 친구들을 만났습니다.
얼마나 행복하고 즐거운 시간을 보냈는지요.
18세 소녀 시절에 만나 지금까지 지내왔는데
50년을 훌쩍 넘었습니다.
그런데도 우린 18세로 돌아가고,
많은 얘기들을 종알종알 나누며
깔깔 웃곤 합니다.

언제 그 많은 시간이 지나갔는지,
마음은 아직 꿈 많은 소녀들인데 …
어느새 흰머리와 주름진 얼굴이
젊고 발랄하고 예뻤던 얼굴이
함께 겹쳐 보입니다.

수없이 많은 얘기들,
사연들은 다 다르지만,

마음은 다 똑같아
네 얘기가 내 것이 되고,
내 얘기가 네 것이 되어
같은 마음으로 평행선을 지키며
나란히 갑니다.
소중한, 아름다운 추억을 간직한 채 ….

우리 또 언제 헤어질지 모르지만
누가 먼저 앞서 나갈까 봐 애쓰며 붙잡습니다.
"같이 가자꾸나. 친구야!" 하면서,
마음은 영원한데,
허리 아파 힘들어하는 친구가
마음을 짠하게 아프게 합니다.
친구에게 더 아프지 말라 합니다.
같은 추억을 나누었던 지난 세월처럼
모르는 내일도 같이 나누기를 바랍니다.

하나님 아버지!
전지전능하시고
무에서 유를 창조하시는 하나님께
떼를 씁니다.
허락하시는 날까지 아프지 않게 하옵소서!
하나님의 은혜 안에
치유의 빛이 임하길 소망합니다.
하나님 품 안에서 같은 마음으로,
같은 언어로 예쁜 이야기 만들기를 바랍니다.
하나님 아버지! 간절히 기도드립니다.

내가 여호와께 간구하매 내게 응답하시고
내 모든 두려움에서 나를 건지셨도다(시편34:4).

23. 회개 합니다

하나님 아버지!
많은 기도를 드리면서
모든 것 다 말씀드리고,
하나님의 뜻을 알기 원하면서
저도 모르게 제 마음을 포장하고 예쁜 기도만
드리려 하지 않았나 돌아보며 회개합니다.

나쁜 마음, 못난 마음, 거짓된 마음을
꼭꼭 숨겨 놓고는
아닌 척하며 좋은 말로 돌려가며
하나님이 실망하실까 두려워
고상함과 얌전함으로 포장하며
기도드리지 않았나 합니다.
분명 많은 순간 포장했을 터인데
그럼에도 불구하고 모든 것
들어 주시며 기다려 주시는

하나님의 한량없는 은혜에 감사드립니다.

제 못난 마음을 세상 탓으로, 남의 탓으로,
숨기려 했던 진실을 토해 내면서
용서를 구하며 회개합니다.
비로소, 하나님이 주시는 평안과
하나님의 마음을 알게 됩니다.
그리한 후, 하나님의 뜻은 무엇인가요? 하고
여쭙니다.
우리가 이 땅에서 살아갈 이유를 주신 하나님!
믿음, 소망, 사랑, 십자가의 길,
마음속 깊이 새깁니다.

어떠한 순간에도 선하심과 인자하심으로
답을 허락하시는 하나님!
모든 것 합력하여 선을 이루어 주시는 하나님!

끝없이 기다려 주시는 하나님!
내 작은 신음에도 답해 주시는 하나님!
온전하길 바라시는 하나님!
티끌의 오점도 남기지 말라 하시는 하나님!

아~ 이미 모든 것을 다 알고 계셨습니다.

늘 부족한 저이지만
하나님이 계셔서 기쁨으로, 행복하게,
그 길을 따라갑니다.

하나님 아버지! 회개합니다.

나의 영혼이 잠잠히 하나님만 바람이여
나의 구원이 그에게서 나오는도다(시편 62:1).

나의 영혼이 잠잠히
하나님만 바람이여
나의 구원이
그에게서 나오는도다(시편 62:1).

24. 잃어버린 종이상자

하나님 아버지!
제 마음에는 뚜껑 있는 종이상자가 있었습니다.
언제부터인가
아마도 지극히 사랑 주셨던
아버지가 돌아가신 후,
준비하지 못한 어린 나이에
아버지의 죽음을 받아들이기 힘들었나 봅니다.
내 편이었던 아버지를 그만 잃어버렸습니다.
그 빈자리에
뚜껑 있는 종이상자가 놓였습니다.

힘들고 아픈 마음,
슬픈 마음,
억울하고 속상한 마음,
아마도 아버지가 계셨다면

아버지와 함께 나누고 싶었던 마음 등을 …
마음 상자에 꼬깃꼬깃 넣고
아무에게도 들키지 않게
뚜껑을 닫곤 했습니다.
접은 종이는 나이가 들면서 늘어났고
뚜껑 있는 상자는 점점 커졌습니다.

그리한 후,
아무렇지 않은 척,
행복한 척,
착한 척,
아무 문제 없는 행복한 아이로,
행복한 어른으로,
시간이 가곤 했는데 ….

어느 날 그 마음의 상자 뚜껑을 열면,

튀어나오는 꼬깃꼬깃 접힌 숨겼던 마음이
살아나곤 합니다.
많이 아팠는데
교회를 다니고,
하나님을 만나고,
늘 하나님께 말씀드리고,
하나님 품 안에서,
잃어버린 줄도 모르게,
언제였던가 …
뚜껑 있는 상자를 잃어버렸습니다.
웬일일까? 어디쯤일까? 하며
기억을 더듬어 봅니다.
"그랬었구나. 그랬었네."
잃어버린 시간을 찾아갑니다.

잃어버린 그 시간에, 그 자리에,

내 편이신 하나님 아버지가 계셨습니다.
마음을 숨길 필요가 없었습니다.
나보다 나를 더 잘 아시는 하나님이
때마다, 언제든지, 어디서나
내 마음을 받아주셨고 평안을 주셨습니다.

저도 모르게 마음속에 숨겨놓았던
뚜껑 있는 종이상자를
잃어버린 줄 모르게 잃어버렸습니다.
하나님은 그 자리에
사랑과 평강, 그리고 행복을 두셨습니다.

내 편이신 하나님! 감사합니다.

나를 눈동자 같이 지키시고
주의 날개 그늘 아래에 감추사 (시편 17:8)

25. 평범하게 산다는 것은?

하나님 아버지!
평범하게 사는 것 …
쉬운 줄 알았습니다.
"어떻게 사는 것이 좋아?"
간간이 친구가 묻습니다.
"평범하게, 아주 평범하게 살고 싶어."
쉽게 답하곤 했지요.

사람이라면 대강 그렇게 살아가는 것 …
부모님이 하셨던 것처럼,
남들처럼,
세월 따라가다 보면 인생의 황혼을 맞이하며
다 그렇게 쉽게(?) 살아가는 것이리라 ….
남들은 다 쉽게 사는 줄 알았습니다.
아니, 남의 삶은 다 쉬워 보였습니다.
"그저 살다 보면 살아진다."라고 하신

윗어른의 말씀에 끄덕이며,
평범하게 사는 것이 가장 어렵다는 것,
그리고 잘 사는 것은 더욱 어렵다는 것을
이제야 깨닫고 인정합니다.

참 삶 이란 알 수 없는,
아침 안개 같은,
미로의 길을 따라 정해진 시간을 지나야 하는
우리 모두의 세계인가 봅니다,
삶 자체는 제 나름대로 특별했습니다.
평범하게 사는 삶이란 희망이고, 욕심일 뿐
누구도 불가능해 보입니다.
제가 계획한 공식대로 세상은 놔두지 않았고
끊임없는 문제 속에 많은 혼돈이 오곤 합니다.
수많은 다른 색깔과 다른 모양으로
삶은 도전합니다.

오늘을 몰라, 지나간 뒤에 돌아보면
삶의 진실을 알게 됩니다.
아름다운 추억의 한 페이지가 된 어제,
잘 감당해 내야 하는 오늘,
찬란한 희망을 품게 하는 내일을
지나며 삶을 만들어갑니다.

이렇게 헤아릴 수 없는 삶을
이 모양 저 모양으로
인도하시며 이끌어 주시는
하나님의 한없는 은혜가 있었습니다.
전능하신 하나님이 안 계셨다면
평범치 못한 삶들이
얼마나 많이 충돌하며 무너졌을까요?

평범한 삶을 위해

특별하게 살아야 했던
우리 모두였음을 되돌아보며 인정합니다.

삶의 길목마다 하나님이 계셨습니다.

아~ 하나님 아버지!

여호와의 교훈은 정직하며
마음을 기쁘게 하고
여호와의 계명은 순결하여
눈을 밝게 하시도다(시편 19:8).

제가 불러보는 작은 외침이
하나님께 상달되지 않는다 해도
그저 좋으니까
불러보고 또 불러봅니다.

26. 마음이 짠~합니다

하나님 아버지!
오늘은 붉은 태양, 파란 하늘이
마음을 한없이 따뜻하게 합니다.
이렇게 행복한 날에 …
문득!
하나님은 이 좋은 날씨에도
기다리고 계실까 생각합니다.
이 아름다운 세상을 주시며
값없이 한없이 빌려주셨는데 …
얼마나 우리를 기다리셨고
앞으로 우리를 얼마나 더 기다리실까?
살며시 짠~한 마음이 밀려옵니다.

하나님 형상대로 지어진 우리 모두
하나님이 주시는 은혜와 사랑으로
말씀 안에서 행복하길 원하시는데

수없이 마련해 주시고, 말씀하시며
우리들의 길을 인도하시는데
나는,
우리는,
탕자처럼,
이기적인 삶의 습관대로 핑계 대며
멋대로 내 지혜,
내 생각,
내 마음을 따라갑니다.

하나님은 인생의 길모퉁이에서
필요한 모든 삶의 정답을
얼마나 많이 말씀하셨을까요?
행여나 잘못될까 일러주시고
또 일러주시고 하는데
저는 듣기를 거부했던 철부지였습니다.

하나님이 얼마나 애태우시며 기다리셨을까요?
오래 참고 기다리신 세월이 얼마였을까요?
또 얼마나 나를, 우리를 참고 기다리실까요?

하나님의 창조로 시작하여
하나님의 계획과 섭리 안에서
살아온 우리들인데
모른다 합니다.
하나님의 세계 안에서 살아온 우리들인데
모른다 합니다
하나님의 은혜 안에서 살아온 우리들인데
모른다 합니다
어찌하나요?

하나님의 선한 뜻을 따라
말씀을 잘 듣는 모범생이 된다면

하나님의 오랜 기다림이 끝날 수 있을까요?
땅 끝까지 말씀이 전해지면
기다리지 않으실까요?

우리를 찾도록 찾아내시며
기다리시는 하나님을
생각하면 마음이 짠~합니다.
잃어버린 한 마리의 양을
아직도 기다리시는데 …
저 파란 하늘도 알고 있으리라.

하나님 아버지! 아주 많이 죄송합니다.

영접하는 자 곧 그 이름을 믿는 자들 에게는
하나님의 자녀가 되는 권세를 주셨으니(요한복음 1:12)

27. 아버지

"나의 아버지이신 하나님 아버지!"
이렇게 수없이 부릅니다.
나를 창조하신 하나님 아버지,
그리고 나를 낳으신 육신의 아버지,
나를 낳으신 아버지가 생각납니다.
9살 어린 나이에 극진히 사랑 주셨던 아버지가
소천하셨습니다.
초등학교 3학년 책가방 등에 메고
덜렁덜렁 뛰어왔던 한 여름 토요일에,
다다미 큰 안방에
하얀 홑이불을 덮고 계셨습니다.
돌아가신 것도 모르고
하얀 치마저고리를 입혀주는 대로 입고
무덤 앞에서 들꽃을 꺾으며 철없던 어린아이가
바로 나였습니다.

12형제 중 막내라고 내 이름 부르시기 아까워
"내 친구 난 서방!"
아버지가 부르시는 내 이름입니다.
난 서방! 이것 먹어 보아라.
난 서방! 극장에 가자.
난 서방! 학교 잘 다녀와. 넘어지지 말고.
난 서방! 공부 잘 안 해도 돼.
몸만 튼튼하면 된다.
늘 난 서방 부르시며 엄청난 사랑을 주셨는데
난 서방 울리지 말라고 하신 말씀이
아직도 귓가에 맴도는데 …
그 빈자리가 너무 커서
무언지 모르지만 '인생의 허무함 …'
허무라는 단어가 무언지 모르는 그 나이에
막연하게 알아갔습니다.

하지만 그 빈자리를,
저도 모르게 하나님이 가득 채우시며,
언제나, 어디서나, 찰나의 순간까지도
하나님의 사랑과 은혜로,
제 마음과 생각을 지켜주셨습니다.
그리고 잘 살아가야 함을 가르쳐 주셨습니다.
그리하여,
하나님 아버지의 지팡이와 막대기로,
바른길로,
하나님이 마련해 주신 그 길 따라
이제껏 올 수 있었음을 감사 감사 드립니다.

하나님은 언제나, 어디서나, 제 편이었습니다.
하나님 아버지는 저의 아버지이셨습니다.
세상에서 가장 멋진 아버지는
하나님 아버지이십니다.

하나님 아버지! 감사합니다. 아주 많이요.

너희가 아들이므로

하나님이 그 아들의 영을 우리 마음 가운데 보내사

아빠 아버지라 부르게 하셨느니라(갈 4:6).

28. 바보 같아요

하나님 아버지!
이 나이 되도록 늘 의심하며
물어보고 또 물어보며
정답을 찾지 못한
정리되지 못한 마음이 있습니다.

고통스러운 마음, 아픈 마음,
나누면 반이 된다고?
아픈 마음 꺼내어 친구에게, 지인에게
그 누구에게 보이면
나누어져서 덜 힘들 것이라고 ….
그런 줄 알았습니다.
인생의 선배, 뭇사람들이
이렇게 다 알고 조언해 주셨지요.
털어놓으라고!

남에게 보이고 싶지 않은

내 치부, 고통, 아픔 털어놓았는데 …

때론 마음이 더 불편해짐은 왜일까요?

그 고통이 더 커져서 되돌아옴은 왜일까요?

믿었던 지인으로부터 실망감 가득 안고

돌아서야 했음은 왜일까요?

쏟아지는 외로움으로

슬퍼했던 이유는 왜일까요?

언제부터인가

이 당연한 말을 믿지 못한다 했습니다.

닫힌 마음이 또 다른 오해를 받기도 하련만 …

온전하지 못한 우리들의 속성 때문인가요?

아니 제 못난 욕심 때문인가요?

하나님 아버지께 모든 것을 말씀드립니다.

무엇이든지 먼저 하나님께 여쭙니다.
하나님의 생각과 지혜를 구합니다.
이미 알고 계신 하나님께
어린아이처럼 일러바칩니다.
하나님 아버지! 다 말씀드렸다 했는데
때론 남아있는 찌꺼기 마음이 아프게 합니다.
참으로 어리석고 욕심 많은 제 모습입니다.

온전히 순수해진다는 것, 참 어렵습니다.
티끌의 마음까지도 정결하게 하옵소서!
하나님 아버지! 제가 참 바보 같아요.

무릇 지킬만한 것 중에
더욱 네 마음을 지키라.
생명의 근원이 이에서 남이니라(잠언 4:23).

29. 제 생일입니다

오늘은 제 생일입니다.
6.25전쟁 중에 태어났으니
부모님의 고생이 얼마나 많았을까요?
72세로 세상을 떠나신 어머니가 그립습니다.
12형제를 낳은 어머니께
왜 나까지 낳았느냐고
나는 안 낳아도 되는데 왜 낳았냐고
묻곤 했지요.
"내가 너를 안 낳았으면 큰일 날 뻔 했지."
하시며 웃으셨습니다.

막내딸 어찌될까 야단 한 번도 안치신 어머니!
어머니의 헌신과 사랑으로, 높은 교육열로,
아들딸 구별하지 않고 공부해야 한다고 …
큰살림 줄여가며 모든 고생 마다하지 않으시고
막내딸 의사 되는 것이 소원이라 하셨지요.

오직 자식 바라기만 했던
훌륭하고 장한 어머니가 보고 싶습니다.
지병인 당뇨병으로 힘들어하신 어머니가
심장병으로 소천 하셨는데
의사인 제가 할 수 있었던 것은
아무것도 없었음을 …
얼마나 안타까웠는지요!
이젠 제가 어느새 할머니가 되었습니다.

생일 축하한다고 모인
딸들과 사위의 모습에서 어느새
시간이 지나 세월이 보입니다.
"행복하구나. 고맙구나. 수고했네." 하면서
마음속에 세월의 안타까움이 가득 고입니다.
그리고 살며시 마음이 아픕니다.
언제 그 긴 시간이 지났을까? 지나갔을까?

충분히 사랑 주지 못한 것 같은데
제 어머니가 제게 주신 사랑만큼
못해 준 것 같은데 ….
행복했던 추억이 많았음에도
잘못했던 순간이 먼저 떠오릅니다.
"미안하다. 미안하다." 할 말은 이 말뿐입니다.

하나님 아버지!
하나님의 큰 사랑과 한량없는 은혜를 구합니다.
하나님의 선한 뜻을 따라가는
딸과 아들이 되길 바랍니다.
이 사회에 빛과 소금이 되며,
하나님이 주시는 지혜와 평강으로
사랑을 나누길 바랍니다.
하나님의 빛 안에 행복 가득하길 소망합니다.
하나님 아버지! 온전히 맡깁니다.

피차 사랑의 빚 외에는

아무에게든지 아무 빚도 지지 말라.

남을 사랑하는 자는

율법을 다 이루었느니라(로마서 14:8).

30. 하나님의 빛 안에

하나님 아버지!

밝게 빛나는 태양이

온 세상을 환하게 만들었습니다.

모든 것이 환하게 드러나

어느 것도 숨길 수 없고 숨겨지지도 않습니다.

오래된 흔적마저도 확연하게 드러납니다.

비추이는 빛 그 반대에 그림자가

나름대로 자리 잡지만

그 역시 뚜렷이 보입니다.

아무것도 숨길 수 없음을 …

그렇습니다.

빛으로 오신 하나님 앞에

아무것도 숨길 수 없음을 …

다 아시겠구나.

다 보이시겠구나.

끄덕입니다.

그런 줄도 모르고 얕은 지식으로
많이 포장하며 숨기려 했던 지난날이
참으로 부끄럽고,
숨기려 했던 그 모습이
웃음까지 나오게 합니다.
참 바보 같은 삶이었음을 …
아마도 코미디 같았을까 합니다.
이렇게 되돌아보며 웃을 수 있음도
하나님께서 너그럽게 용서하시며
오래오래 기다려 주신 은혜입니다.
여유 있게 웃으며
"내가 그랬었구나. 내가 그랬네."
매일, 매일을 이별하면서
참으로 많은 일과 사연으로

숨겨지지 않는 제 모습을 감추려 했습니다.
저의 어리석음을 회개하며
넉넉히 보아주신 하나님께 감사합니다.
이래도 저래도 멋진 하나님 아버지라고
자랑합니다.

하나님은 항상 우리들을 넘어지지 않게
하나님의 빛 안에 두셨습니다.
그 빛 안에 우리가 하나 되어
사랑하며 화목하길 원하셨습니다.
우리 모두 하나가 되도록,
겸손하고 온유하며 오래 참으며,
그리하여 하나님의 진리 안에서
진정한 자유를 허락하셨습니다.

얼마나, 사랑이 넘치는 아름다운 세상이

이루어지길 참으며 기다리실까요?

저도 모르게 저를 지켜주셨던 하나님 아버지가
제 등 뒤에서 비추어 주셨고,
그 빛으로 생긴 그림자까지도
어둡지 않게 하셨습니다.
그 길 따라
제가 여기까지 왔습니다.

멋진 하나님 아버지! 감사합니다.

나는 빛으로
세상에 왔나니
나를 믿는 자로
어둠에 거하지 않게
하려 함이로다(요한복음 12:46).

31. 고난 주간에 십자가를 바라보며

하나님 아버지! 그 옛날 세례 문답 시간에
"성도님은 성도님 죄 때문에 고난 당하시고,
십자가에서 피 흘리시며 예수님이 돌아가셨음을
인정하십니까?"
목사님이 물으셨습니다.
"아니요. 잘 모르겠습니다."라고 대답했지요.
시간과 공간을 뛰어넘어
2천여 년 전 돌아가신 예수님이
지금의 내 죄 때문이라는 것을
도무지 이해할 수 없었습니다.

시간 나는 대로 성경 말씀을 읽기 시작하고,
참으로 믿지 못할 불가사의 한 부분에서는
따지기도 하고, 부정도 하곤 했습니다.
색깔만 성도였던 제가 삶의 진실과 싸우면서,
수많은 아기들을 치료하면서,

원치 않은 고통의 시간,

싫어도 가야 했던 길을 지나며,

모든 것을 감당하게 하신

하나님의 은혜와 사랑이었음을 알았습니다.

온전하지 못한 저로 인해,

죄를 지었음에도 불구하고

모르고 지나갔던 순간들,

이기심과 욕심을 포장하며

저를 속였던 많은 시간들,

하나님을 몰라라 하며 교만했던 시간들 …

모두 모으고, 또 모아 죄인이었음을

죽을 수밖에 없었던 저로 인해,

예수님이 대신 돌아가셨습니다.

이제 그 옛날 목사님의 물음에

"네. 저의 죄 때문입니다."
자신 있게, 언제나 말 할 수 있습니다.
"저 때문입니다."

모든 것 감당하며 고난당하시는 모습을,
그 십자가를, 마음 가득히 새깁니다.
하나님의 한없는 사랑으로,
십자가의 고난까지 순종하며 가시는 예수님이
마음을 많이 아프게 합니다.

얼마나 힘드실까?
얼마나 마음 아프실까?
얼마나 외로우실까?
바로 우리들의 죄를 감당하시며
가시는 십자가의 길 ….
아주 많이 죄송합니다.

하나님 아버지!

어찌하여 그리도 저희들을 참아 주셨나요?

어찌하여 그리도 저희들을 사랑하셨나요?

누구든지

주의 이름을 부르는 자는

구원을 받으리라(로마서 10:13).

32. 마음도 하나님의 것

하루를 시작합니다.
"오늘의 일상을 허락해 주세요." 하고
기도를 시작합니다.
새벽 기도 드리고, 아침식사 준비하고,
성경 말씀을 씁니다.

이렇게 시작하는 아침이
점심이 되고, 저녁이 되고, 밤이 됩니다.
매일 정해진 때를 지나곤 하지만
수없이 변하는 마음이 있어
지루하지 않습니다.
많은 생각과 마음을 허공에 날리며,
하고 싶은 말도, 마음도 속으로 헤아립니다.
하나님께 많은 것을 물어보고,
많은 마음을 드립니다.
이렇게 지내면 똑같은 어제와 오늘의 일상이

그리고 내일이 다 다르다고 느낍니다.
수없이 많은 마음과 생각이 스쳐가곤 하는데 …

볼 수 있는 세상이 전부인 줄 알고,
세상 것에 매달리며 울고 웃곤 했는데 …
하나님의 세계를 알게 하셨습니다.
그곳에는 말로 표현할 수 없는 평화와 안식,
그리고 행복이 있었습니다.
"모든 지킬만한 것 중에 더욱 네 마음을 지키라"
(잠언 40:23) 주신 말씀 붙들며
보이지는 않지만, 볼 수는 없지만
하나님의 나라를 생각하며
행복을 가꾸어 나갑니다.
하나님은 범사에 감사하며,
항상 기뻐하라 하시며
쉬지 말고 기도하라 하셨습니다.

그리고 다 지나가리라 하셨습니다.

우리 모두를 하나님의 형상처럼 창조하시고,
잠깐 스쳐가는 생각도, 마음도,
하나님을 닮기 원하셨습니다.
온전히 선하길 원하시는 하나님이신데 ….
하지만 저는 아직도 얼룩진 마음이 가득한데 …

언제 그 좁은 문으로
자신 있게 지날 수 있을까요?

하나님 아버지! 어찌하나요?

너는 마음을 다하여 여호와를 신뢰하고
네 명철을 의지 하지 말라(잠언 3:5).

하나님은
제가 생각한 것보다
더 선하고
더 좋은 것으로 주십니다.

33. 언제 '나' 여기에

하나님 아버지! 감사합니다.
인생의 끝자락! '나' 언제 여기에 있는지
돌아보고, 또 돌아봅니다.
하루하루,
봄, 여름, 가을, 겨울 …
시간과 공간을 넘어,
삶에 떠밀려 이렇게 여기에 있네요.

헤아릴 수 없는 사연과 많은 추억이
그때마다, 요동치는 마음과
변덕스러운 일상이 지나곤 했는데 …

힘든 순간을 인내하게 하시고,
슬퍼하는 저를 잔잔한 미소로 안아 주시고,
이해할 수 없는 고난에 용기와 지혜를 주시고,
두려워하는 제게 염려하지 말라 하시며

동행 하셨습니다.
어떠한 상황에도 선한 결과를 원하셨고,
큰 사랑으로 용서하라 하시며,
사랑할 수 없는 것까지 사랑하게 하셨습니다.
그리고 말로 표현할 수 없는
기쁨과 평안을 주셨습니다.
하나님은 못난 제 모습,
있는 그대로 사랑하셨습니다.

하나님 아버지!
왜 그리도 '나'만의 특별함을 고집부렸을까요?
왜 그리도 '내 것'에 많은 집착을 했을까요?

지나온 긴 세월이 내게 있어
오늘이 쉬우려니 했습니다.
지나온 긴 삶이 내게 있어

오늘이 힘들지 않으려니 했습니다.
지나온 많은 사연이 내게 있어
오늘이 문제 없으리라 했습니다.

하지만, 오늘은 여전히 어렵고,
오늘은 여전히 힘들고,
오늘은 여전히 또 다른 사연으로 분주합니다.
이렇게 알지 못하는 매일매일을
하나님이 늘 지켜주시며 인도해 주셨습니다.

그리하여 이제 여기까지 올 수 있도록
모든 것 예비 하시고,
한없는 긍휼과 사랑으로,
한없이 기다리시고 참아 주셨습니다.

오직! 하나님의 은혜였습니다.

참으로 신기한 하나님의 계획과 섭리입니다.

나그네의 삶! 모래알 하나같은 나
하나님이 주신 달란트가 남아있다면,
저의 최선을 다하길 바랄 뿐입니다.
그리한 후, 제가 해야 할 숙제를 했을 뿐이라고
겸손하게 내려놓기를 소망합니다.
하나님 아버지!
나 여기에 이렇게 있을 수 있음은
하나님의 은혜입니다.

주 하나님이 이르시되
나는 알파와 오메가라.
이제도 있고 전에도 있었고
장차 올 자요 전능한 자라 하시더라(요한계시록 1:8).

잃어버린 종이상자

임란규 지음

초판 1쇄 발행 | 2024년 04월 30일

발 행 인 | 전병철
책 임 편 집 | 전병철
발 행 처 | 세우미
등   록 | 476-54-00568
등 록 일 | 2021년 07월 26일
주   소 | 광명시 영당안로 13번길 20. 삼정타운 다4동 404호
이 메 일 | mentor1227@nate.com
인스타그램 | https://www.instagram.com/sewoomi_

ISBN   979 - 11 - 93729 - 01-4   (03230)